FULL SCORE

WSD-18-009
＜吹奏楽メドレー楽譜＞

冬の演歌コレクション

郷間幹男　編曲

楽器編成表		
木管楽器	金管・弦楽器	打楽器・その他
Piccolo	B♭ Trumpet 1	Drums
Flutes 1 (& *2)	B♭ Trumpet 2	*Timpani
*Oboe	*B♭ Trumpet 3	Percussion 1
*Bassoon	F Horns 1 (& *2)	…Sus.Cymbal
*E♭ Clarinet	F Horns 3 (& *4)	*Percussion 2
B♭ Clarinet 1	Trombone 1	…Tambourine,Wind Chime,Conga
B♭ Clarinet 2	Trombone 2	Percussion 3
*B♭ Clarinet 3	*Trombone 3	…Glockenspiel
*Alto Clarinet	Euphonium	Percussion 4
Bass Clarinet	Tuba	…Vibra Slap,Vibraphone,
Alto Saxophone 1	Electric Bass	Sleigh Bell,Xylophone
*Alto Saxophone 2	(String Bass) ※パート譜のみ	
Tenor Saxophone		
Baritone Saxophone		Full Score

＊イタリック表記の楽譜はオプション

冬の演歌コレクション

郷間幹男 編曲

冬の演歌コレクション - 2

『北酒場』作曲：中村泰士
© 1982 by JAPAN CENTRAL MUSIC, LTD. & BURNING PUBLISHERS CO., LTD.
『津軽海峡・冬景色』作曲：三木たかし
© 1976 by HORIPRO INC.

冬の演歌コレクション - 9

冬の演歌コレクション - 16

ご注文について

ウィンズスコアの商品は全国の楽器店、ならびに書店にてお求めになれますが、店頭でのご購入が困難な場合、当社PC&モバイルサイト・FAX・電話からのご注文で、直接ご購入が可能です。

◎当社PCサイトでのご注文方法
http://www.winds-score.com
上記のURLへアクセスし、WEBショップにてご注文ください。

◎FAXでのご注文方法
FAX . 03-6809-0594
24時間、ご注文を承ります。当社サイトよりFAXご注文用紙をダウンロードし、印刷、ご記入の上ご送信ください。

◎電話でのご注文方法
TEL . 0120-713-771
営業時間内にお電話いただければ、電話にてご注文を承ります。

◎モバイルサイトでのご注文方法
右のQRコードを読み取ってアクセスいただくか、URLを直接ご入力ください。

※この出版物の全部または一部を権利者に無断で複製(コピー)することは、著作権の侵害にあたり、著作権法により罰せられます。

※造本には十分注意しておりますが、万一落丁乱丁などの不良品がありましたらお取替え致します。また、ご意見ご感想もホームページより受け付けておりますので、お気軽にお問い合わせください。

冬の演歌コレクション

Percussion 4
Vibra Slap, Vibraphone, Sleigh Bell, Xylophone

郷間幹男 編曲

Piccolo

冬の演歌コレクション

郷間幹男 編曲

Flutes 1&2

冬の演歌コレクション

Oboe

冬の演歌コレクション

郷間幹男 編曲

冬の演歌コレクション - 2

Oboe

Bassoon

冬の演歌コレクション

郷間幹男 編曲

冬の演歌コレクション - 2　　　　　　　　　　E♭ Clarinet

冬の演歌コレクション

B♭ Clarinet 1

郷間幹男 編

冬の演歌コレクション

Bass Clarinet

郷間幹男 編

冬の演歌コレクション

Alto Saxophone 2

郷間幹男 編

冬の演歌コレクション

Baritone Saxophone

郷間幹男 編

冬の演歌コレクション - 2

Baritone Saxophone

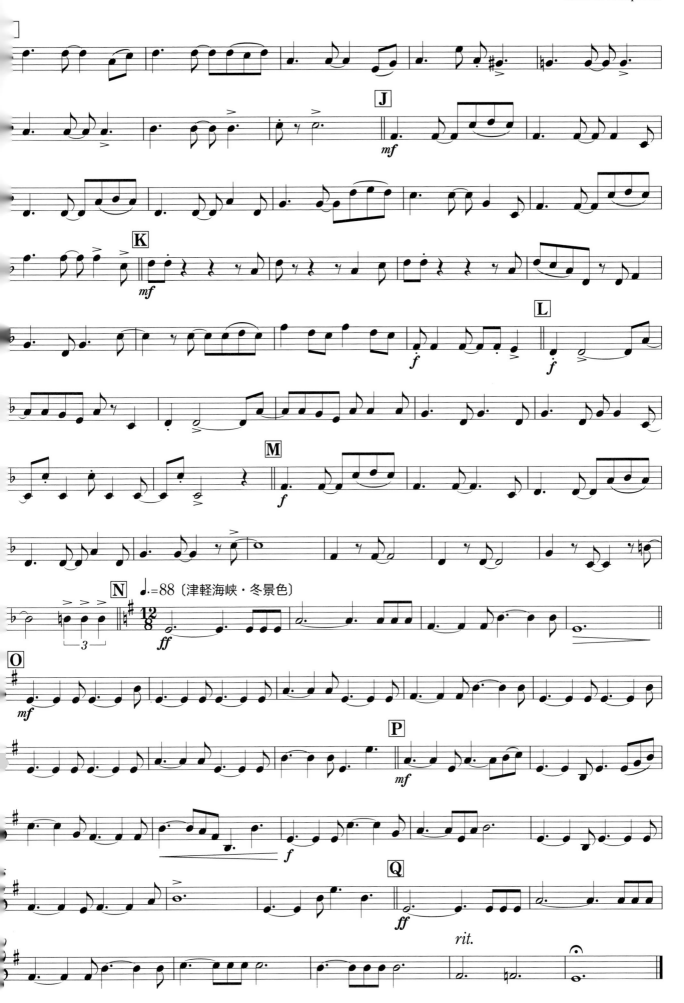

冬の演歌コレクション - 2

B♭ Trumpet 1

冬の演歌コレクション

B♭ Trumpet 2

郷間幹男 編

冬の演歌コレクション

冬の演歌コレクション - 2　　B♭ Trumpet 3

冬の演歌コレクション - 2

F Horns 3&4

Trombone 3

冬の演歌コレクション

郷間幹男 編曲

冬の演歌コレクション

Euphonium

郷間幹男 編曲

冬の演歌コレクション

String Bass

郷間幹男 編曲

Drums

冬の演歌コレクション

郷間幹男 編曲

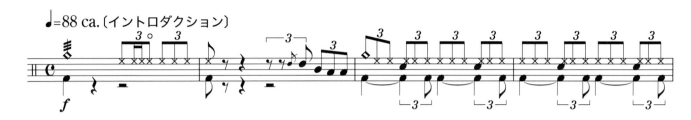
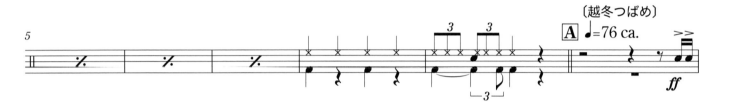

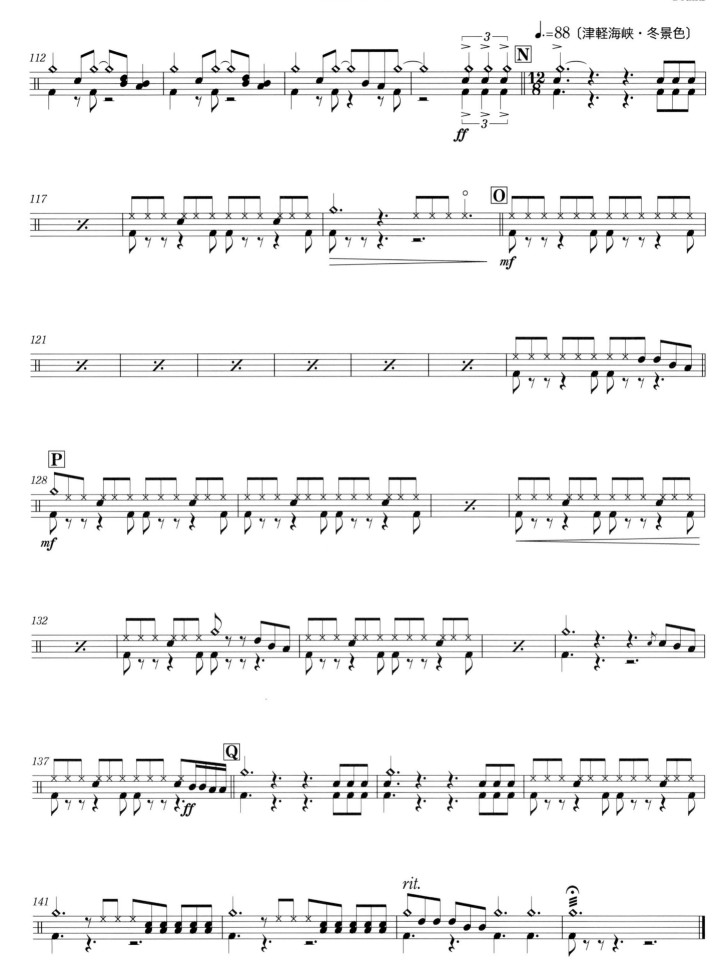

Drums

冬の演歌コレクション - 3

Timpani

冬の演歌コレクション

郷間幹男 編曲

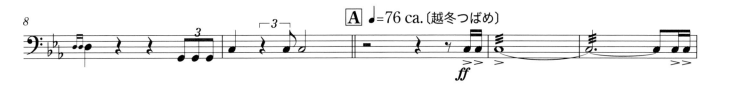

冬の演歌コレクション - 2   Timpani

冬の演歌コレクション

Percussion 1
Sus.Cymbal

郷間幹男 編曲

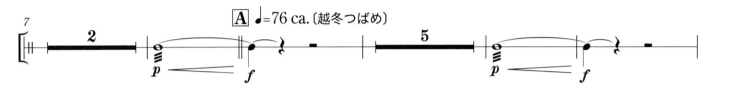

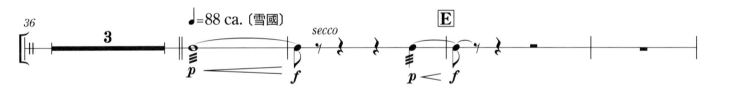
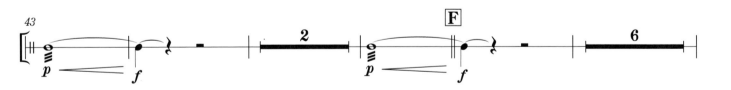
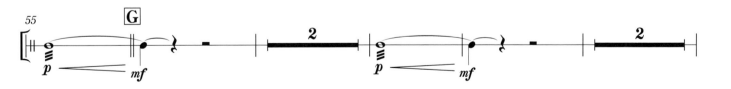
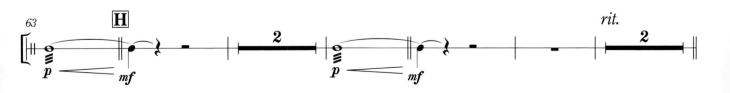

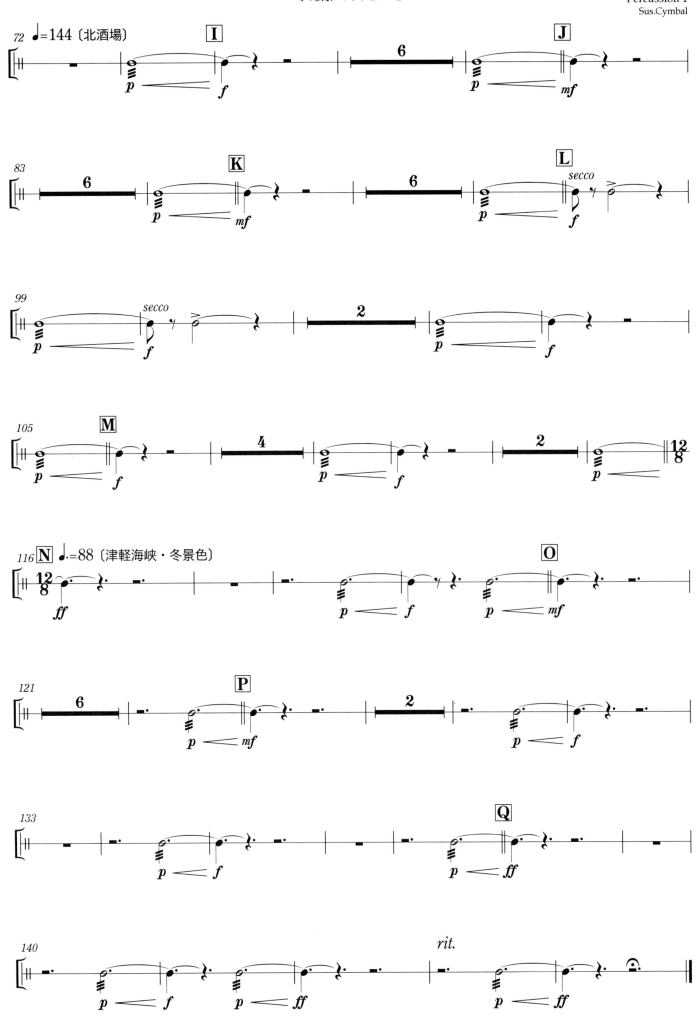

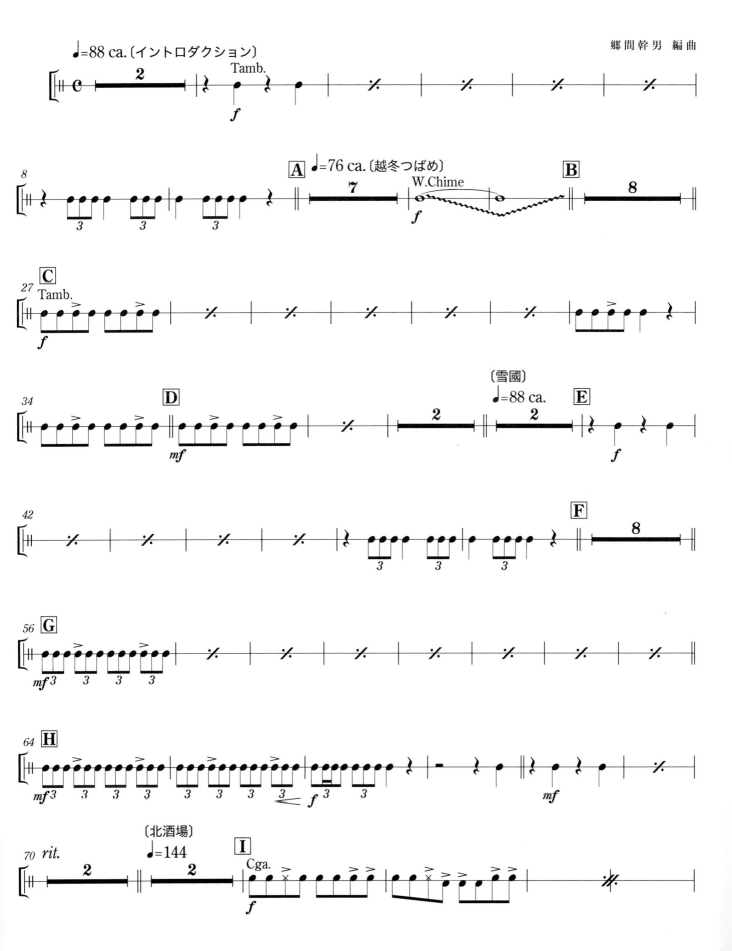